KB276070

마음이 예뻐지는

카드 만들기

전금하 글 · 그림

비룡소

안녕! 난 나라야.
난 카드 만들기를
참 좋아해.

난 하루야.
우리랑 같이 재미나게
카드 만들어 볼래?

이야기 속으로
출발!

크리스마스
꿈~ 속에 보는 화이트 크리스마스
카드에 적어 보내는~
메리 크리스마스 평안하라
복 주시는 거룩한 밤에
얘들아, 메리 크리스마스!
하루야, 어서 와. 너도 메리 크리스마스!
나라야, 메리 크리스마스!
너희들 메리 크리스마스가 무슨 뜻인 줄 아니? 예수님이 탄생한 날을 축하하며 즐겁게 보내자는 뜻을 담고 있단다.

여보, 올해는
크리스마스트리를
어떻게 꾸밀까요?
나라랑 하루랑
같이 꾸며 봐요.

아빠, 트리에
이 카드 달아요!
이 카드도요!
이야, 아주
멋진 카드네!

아빠 카드는 없니?
저희가 직접 만든 카드예요.

잠깐만 기다리세요.

하루야, 나 좀 도와줘.
물론이지!

우선, 가위와 칼, 자와 풀을 준비해.
공 모양, 트리 모양, 천사 모양, 양말 모양…… 어떤 카드를 만들까?

어떤 재료로 꾸며 볼까?
반짝이풀, 스티커, 솜, 화이트로 꾸미자. 사인펜과 색연필로 그림도 그려 넣고!

딩동!

얘들아! 하루네 할머니 오셨어. 다 같이 저녁 먹자.
네!

맛있겠다!
내가 좋아하는 케이크!

하루야, 잘 가! 양말 걸고 자는 거 잊지 마!
응, 너도! 잘 자!

딸랑!

쉿!

음냐음냐.
산타 할아버지가
오실까?
Zz

엇, 이건?
산타 할아버지께
올해도 찾아와 주셔서
감사합니다. 추운 날씨에
감기 조심하시고요,
루돌프들에게도 안부 전해
주세요. 메리 크리스마스!
ㅡ나라 올림
딸랑!
딸랑!
허!
허!
허!
산타

천사 카드

1 선을 따라 가위로 오리고,
두 팔에는 칼로 선을 그어요.

2 점선을 따라 접어요.

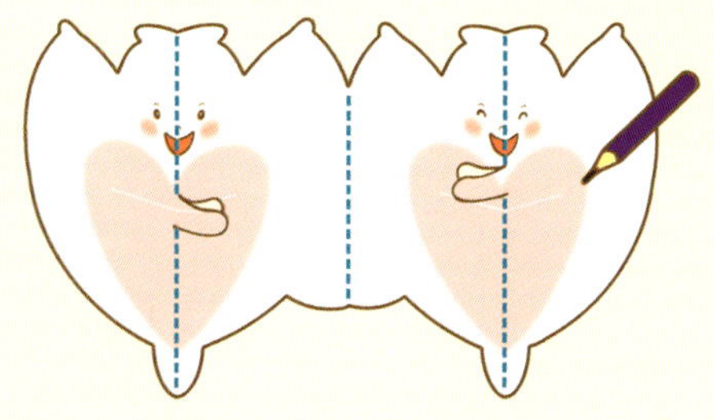

3 뒷면에 크리스마스 인사를 적어요.

4 천사 카드 완성!

5 구멍 뚫어서 끈을 달면
크리스마스트리에 걸 수 있어요.

★ 카드를 깔끔하게 접는 비법

카드를 접을 때는 접을 부분에
자를 대고 칼등으로 선을 낸
다음 접으면 깔끔하게 접혀요.

크리스마스트리 카드

1 선을 따라 오려요.

2 뒷면에 크리스마스 인사를 적어요.

3 반 접어서 카드에 별 장식을 얹으면 완성!

호두까기 병정 카드

1 카드와 호두까기 병정을 오려요.
호두까기 병정을 카드에 붙여 꾸며요.

2 점선을 따라 안으로 밖으로
번갈아 접어요.

3 뒷면에 크리스마스 인사를 적으면 완성!

Merry Christmas!
천사 카드
자르는 선
안으로 접는 선
밖으로 접는 선

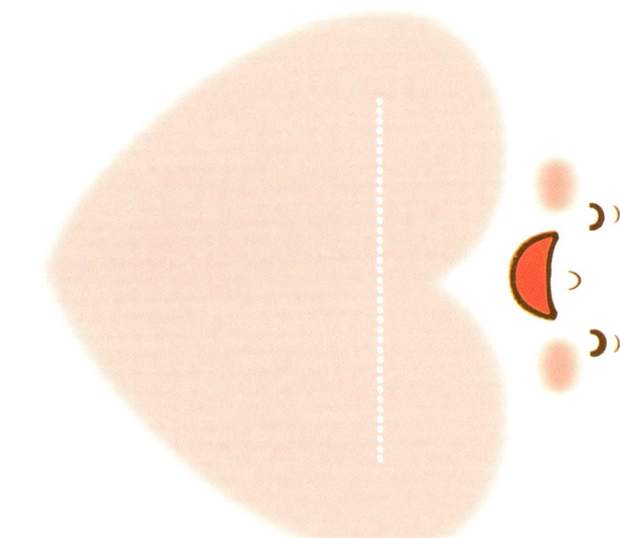
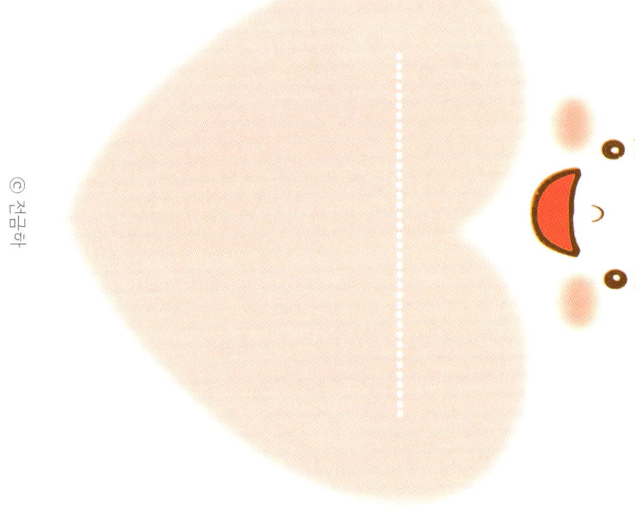
ⓒ 전금하

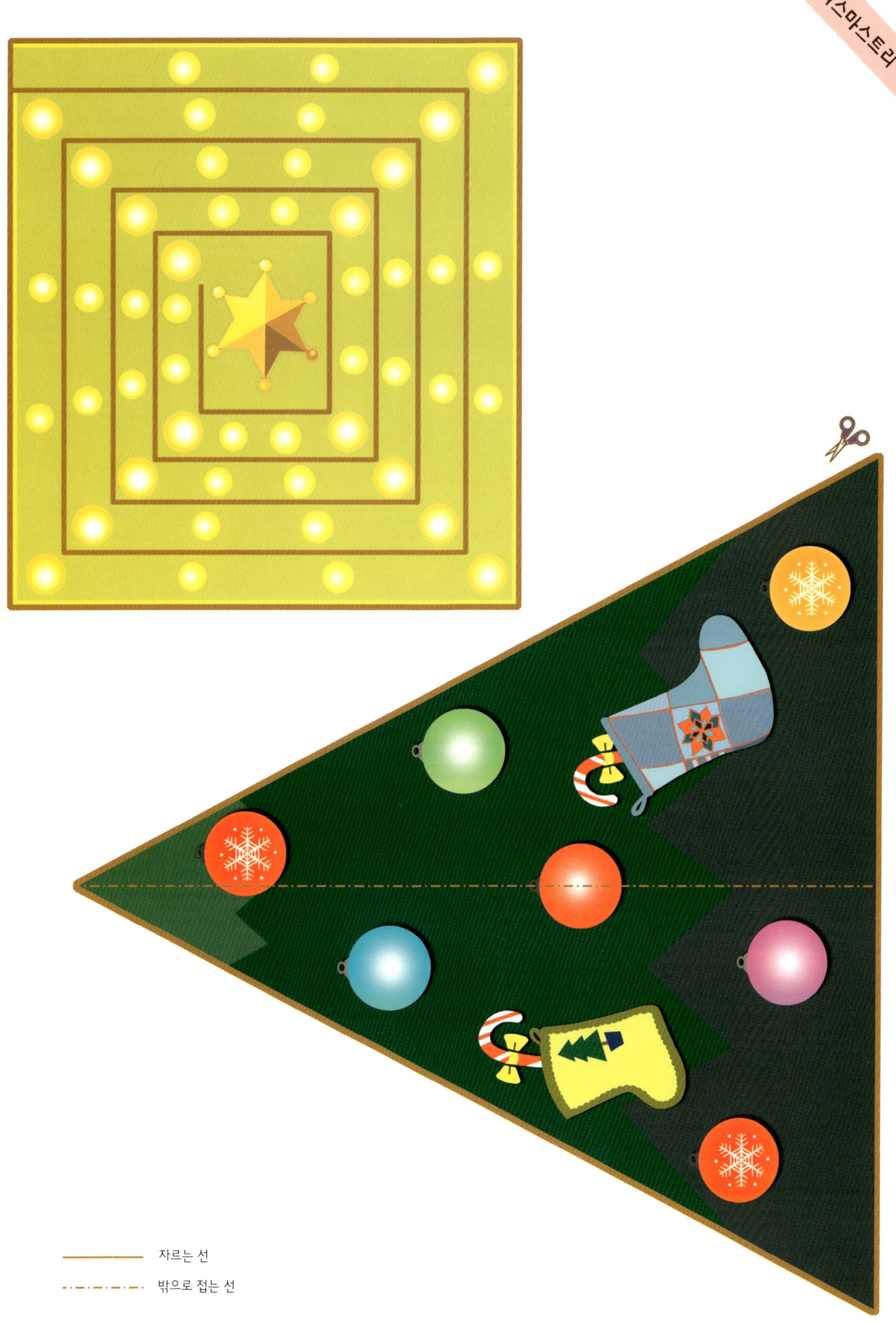

자르는 선
밖으로 접는 선

MERRY
CHRISTMAS!

© 전금하

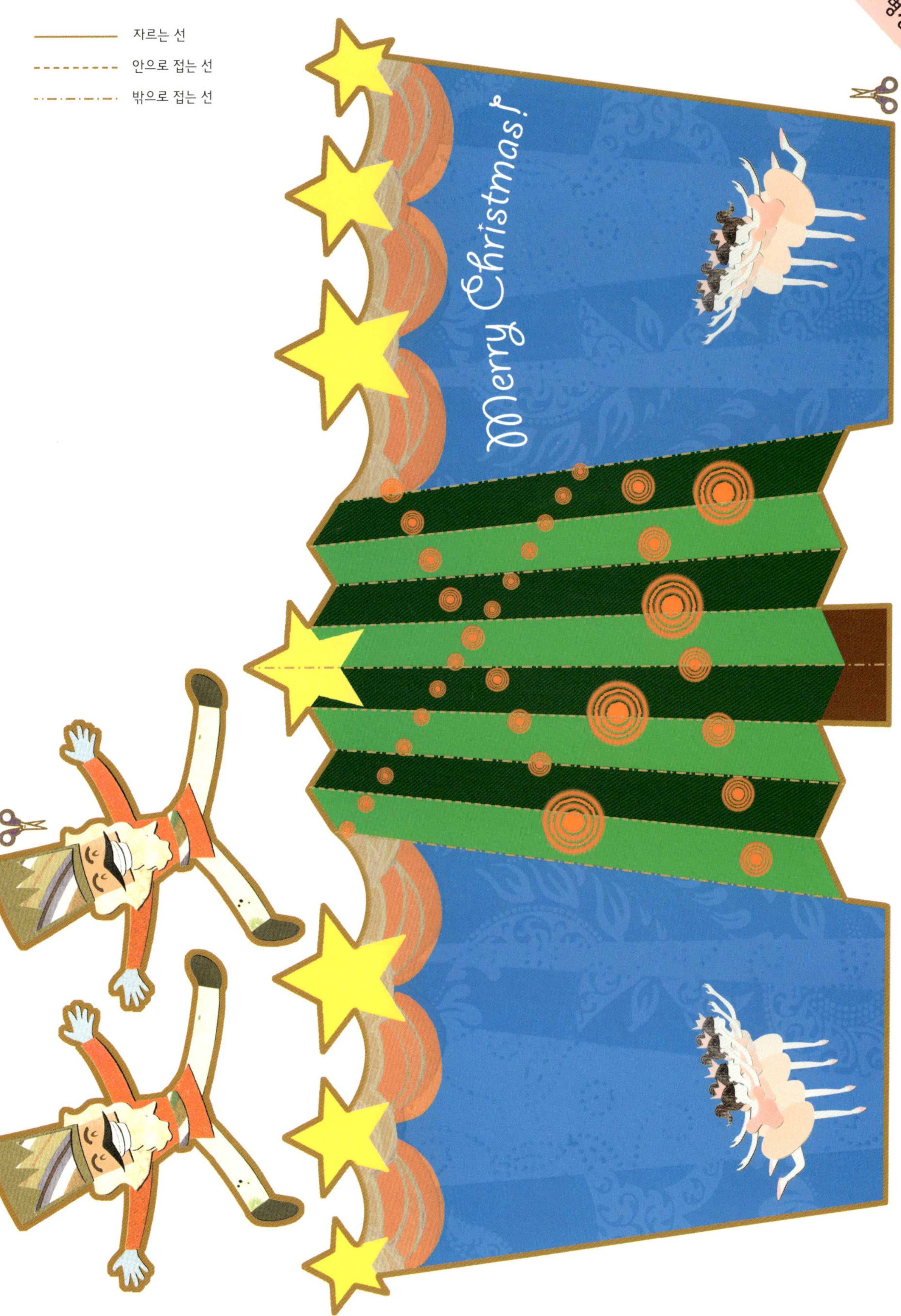
자르는 선
안으로 접는 선
밖으로 접는 선
Merry Christmas!

© 전금하

식탁 카드

1 선을 따라 식탁과 그릇을 오려요.

2 사람들을 안쪽으로 접어요.

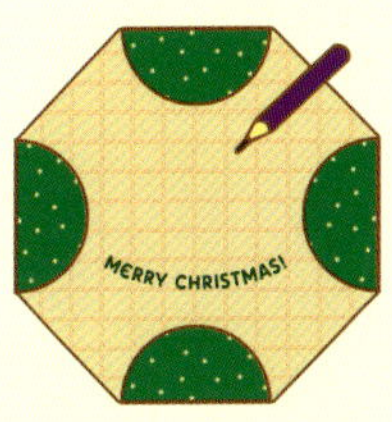

3 테이블 다리는 바깥쪽으로 접고
크리스마스 인사를 적어요.

4 그릇을 붙여 꾸미고
빈 접시에 음식을 그려 넣어요.
식탁을 세우면 완성!

양말 카드

1 선을 따라 오려요.

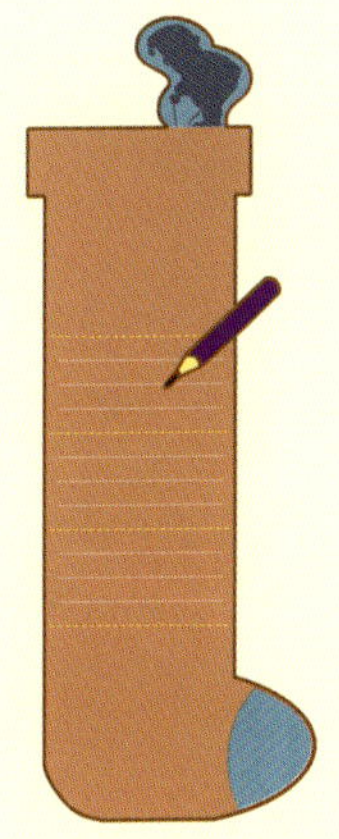

2 뒷면에 크리스마스 인사를
적어요.

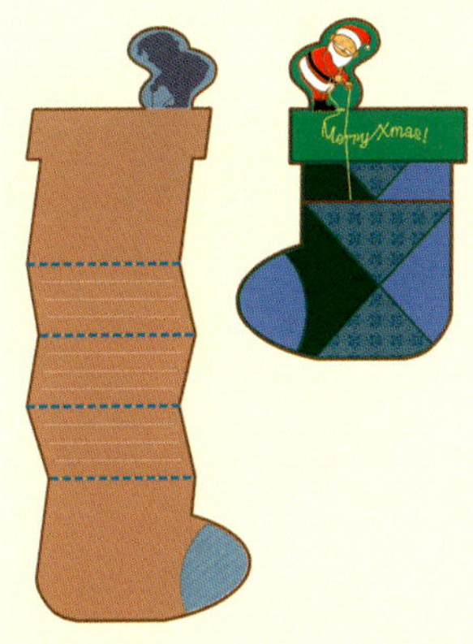

3 점선을 따라 안으로 밖으로
번갈아 접으면 완성!

공 카드

1 선을 따라 오려요.

2 양쪽 끝에 빨간 공을 붙여요.

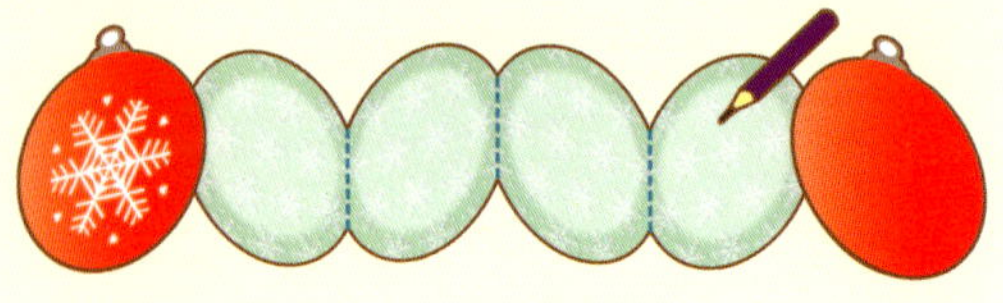

3 뒷면에 크리스마스 인사를 적어요.

4 점선을 따라 안으로 밖으로 번갈아 접으면 완성!

5 구멍을 뚫고 끈을 달아서 크리스마스트리에 걸어 보세요.

식탁 카드
자르는 선
안으로 접는 선
밖으로 접는 선

ⓒ 전금하

새해
나라야, 일어나렴!
새해다!

까치까치 설날은~
어저께고요~
우리우리 설날은~
오늘이래요~

까치까치! 반가운 손님이! 올 거야!

딩동!

어서 오렴. 하루는 참 부지런하구나.
아저씨, 안녕하세요.

새해 복 많이 받으세요!
나라랑 하루도 새해 복 많이 받으렴! 허허허!

감사합니다!

나라야, 새해 복 많이 받아!
하루 너도 새해 복 많이 받아!

얘들아, 떡국을 먹으면 나이를 한 살씩 더 먹게 되는 거란다. 맛있게 먹고 어른들께 인사 드리고 오렴.
네, 잘 먹겠습니다!

나라야, 멀리 계신 분들께는 카드로 인사드리는 건 어때?
좋은 생각이야!

짜잔! 일 년 동안 복 많이 받으시라고 복주머니 카드!
그럼 난 세배 드리는 카드를 만들어야지!
Good Luck to You!
福

자, 이제 카드를 써 볼까? 어른들은 설 카드에 '근하신년'이라고 쓰던데, 새해를 축하한다는 뜻이래.
'소원 이루시길 바랄게요.' '새해에도 건강하세요.' '화목하시고 평안하세요.' 이런 덕담은 어때?
福
HAPPY NEW YEAR

맨 밑에 오늘 날짜 쓰고 '나라 올림'이나 '나라 드림'이라고 쓰는 것도 잊지 마.
응. 다 썼으면 봉투에 우표 붙여야지.
이제 우체통에 넣으러 가자! 어른들이 카드를 받으면 기뻐하시겠지?
까치까치! 당연하지!

꽃신 카드

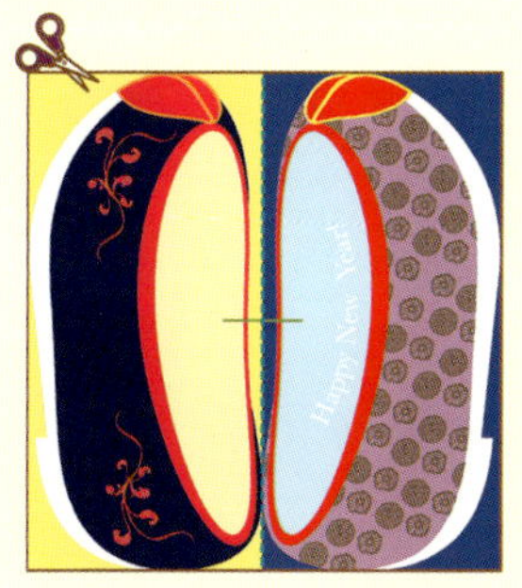

1 선을 따라 오려요.

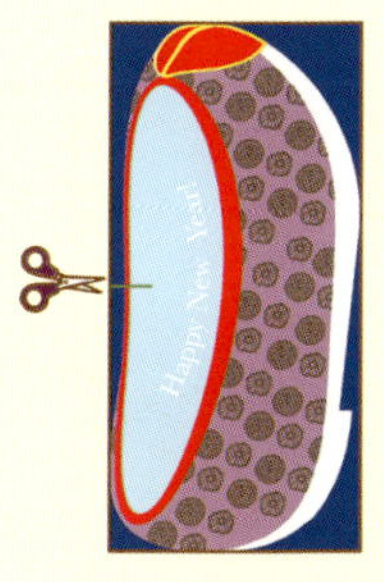

2 반을 접어서 가운데
초록색 선을 따라 잘라요.

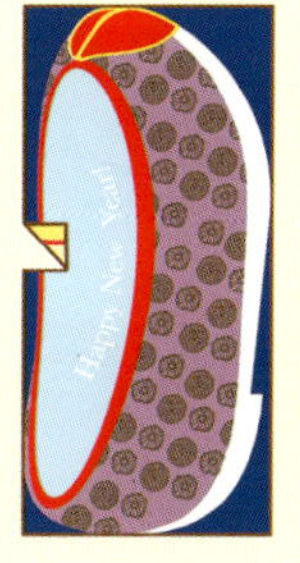

3 위로 아래로 꺾어서 접어요.

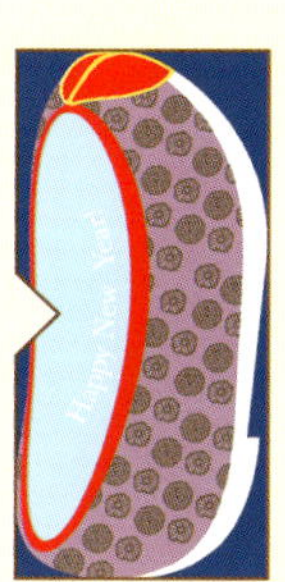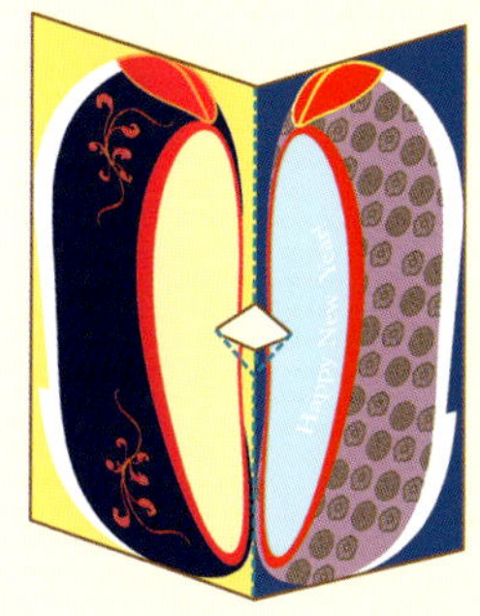

4 꺾어서 접은 부분을 안으로
집어 넣어요.

5 카드를 펼쳐서
새해 인사 쓰면 완성!

세배 카드

1 선을 따라 오려요.

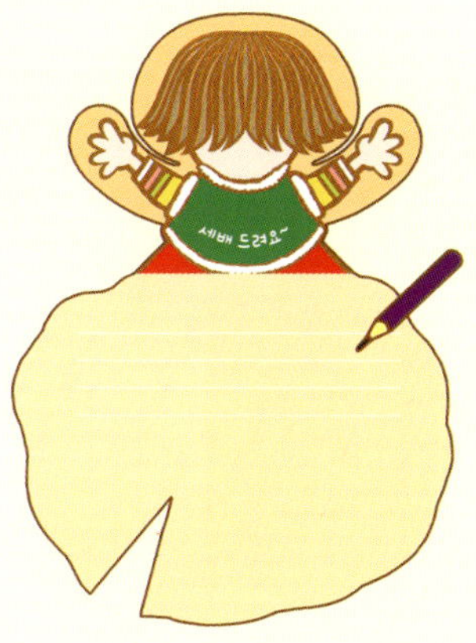

2 뒷면에 새해 인사를
적어요.

3 점선대로 접으면
꾸벅꾸벅 인사하는
세배 카드 완성!

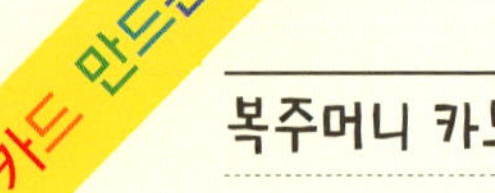

복주머니 카드

1 선을 따라 오려요.

카드에 나라, 하루, 까치,
호두새를 붙일 때, 두꺼운 종이를
작게 오려서 붙인 다음 카드에
붙이면 입체감이 느껴져요.

2 점선을 따라 안으로 밖으로
번갈아 접어요.

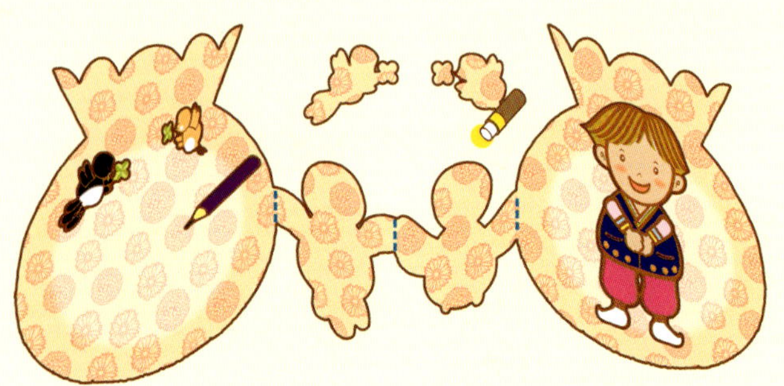

3 나라, 하루, 까치, 호두새를 붙여
꾸미고 새해 인사를 적어요.

4 복주머니 카드 완성!
주머니에 실을 감아서 묶어 주면
훨씬 멋져요.

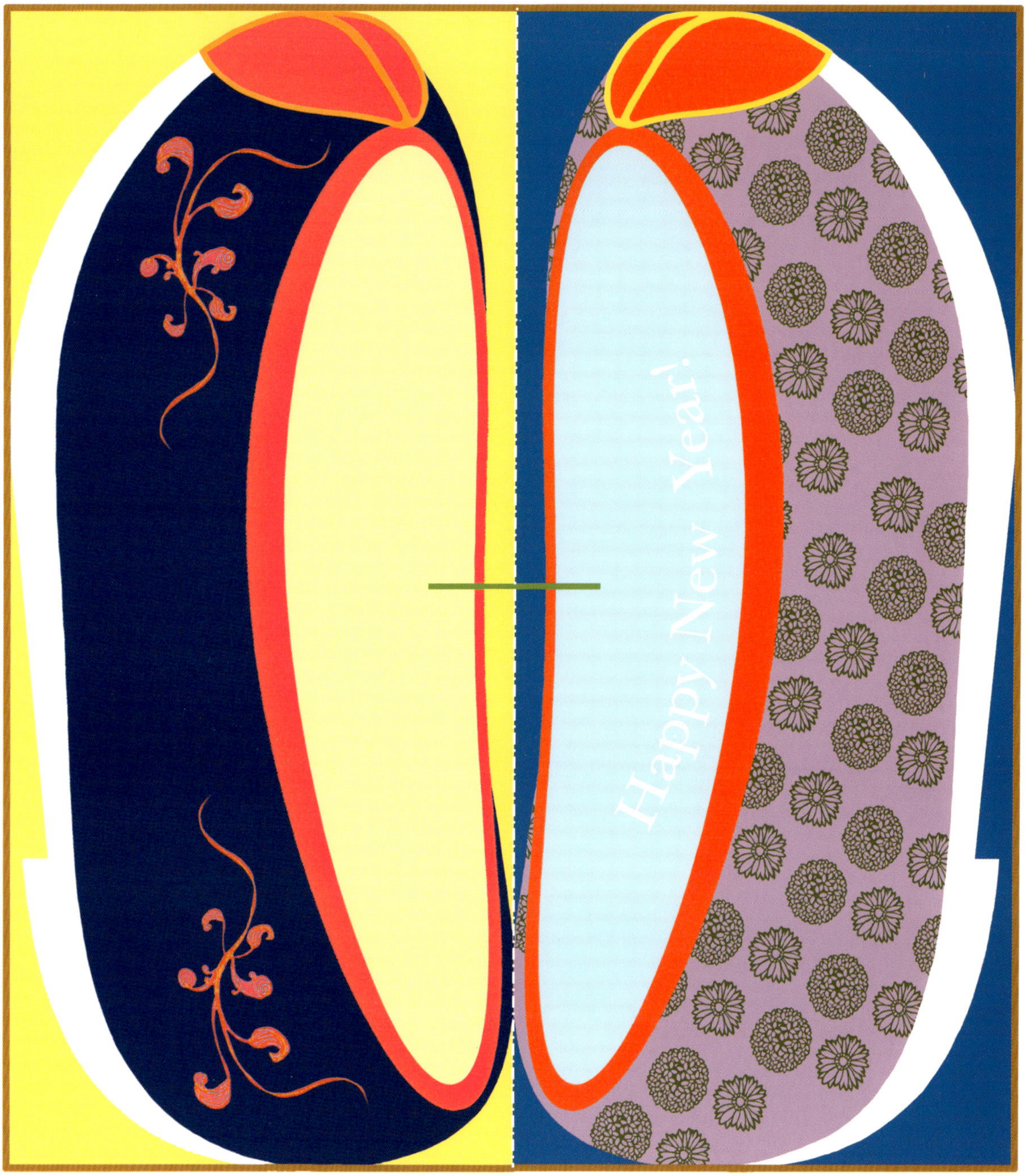

Happy New Year!

자르는 선
밖으로 접는 선

까치까치 설날은 어저께고요~
우리우리 설날은 오늘이래요~
ⓒ 전금하

세배 카드
HAPPY NEW YEAR!
자르는 선
안으로 접는 선

ⓒ 전금하

병문안
나라야, 놀자!

참, 요즘 은토끼가 안 보이네.

은토끼가 아프대. 우리 은토끼 병문안 갈까?
응, 그러자!

은토끼가 우리를 보고 반가워하겠지?
그럼그럼. 엄마가 은토끼가 좋아하는 당근 쿠키를 싸 주셨어. 병문안 갈때는 아픈 사람을 위한 작은 선물을 준비해 가는 게 좋대.

병문안 카드

 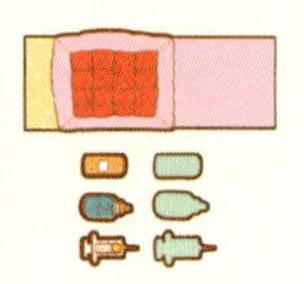 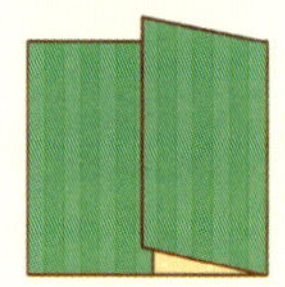 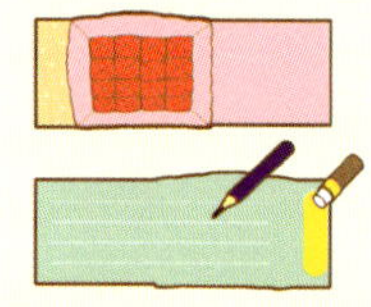

1 선을 따라 오려요. **2** 왼쪽과 오른쪽을 접어요. **3** 이불 뒷면에 병문안 인사를 쓰고 카드에 붙여요.

 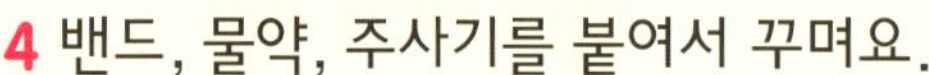 

4 밴드, 물약, 주사기를 붙여서 꾸며요. **5** 병문안 카드 완성!

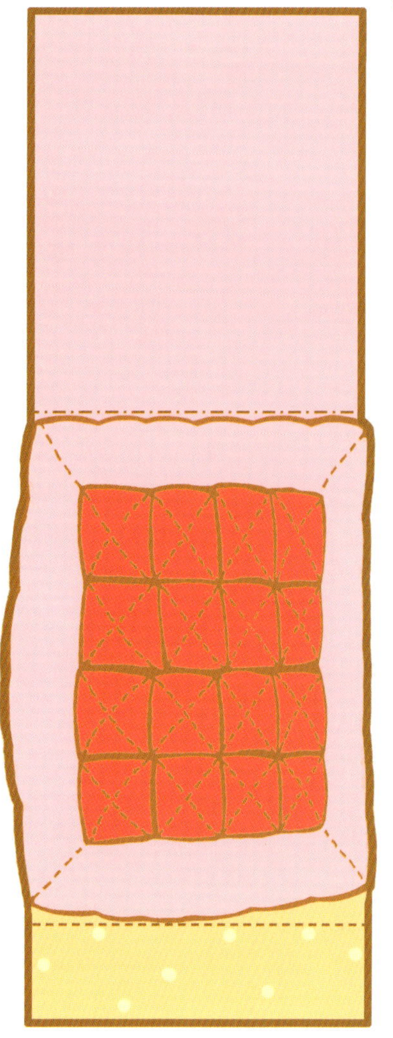

— 자르는 선

----- 안으로 접는 선

-·-·- 밖으로 접는 선

ⓒ 전금하

Get Well

안부

하루야, 안녕!

나라야, 우리 사과새 본 지 한참 된 것 같아.

사과새가 멀리 이사 갔으니까 그렇지.

그럼 우리 사과새한테 안부 카드를 쓸까?
그거 좋다!

좋은 생각이 났어!
내가 카드 만들어
볼게.
그래. 카드는
네가 만들고, 그림은
내가 그릴게.

근데 사과새한테
보낼 카드에는 꼭 하늘이
들어가야돼.

구름도 넣고 말야.
이리 줘 봐. 내가
그려 줄게.

야! 같이 해야지!
너만 그리기야?
사과새가
뭘 좋아하는지는
내가 잘 안다고.

그럼 너 혼자
다해!

진짜 가나?

흥, 내가 좀 심했나?

그런데 이 카드는
어떻게 보내지?
사랑새에게

안부 카드

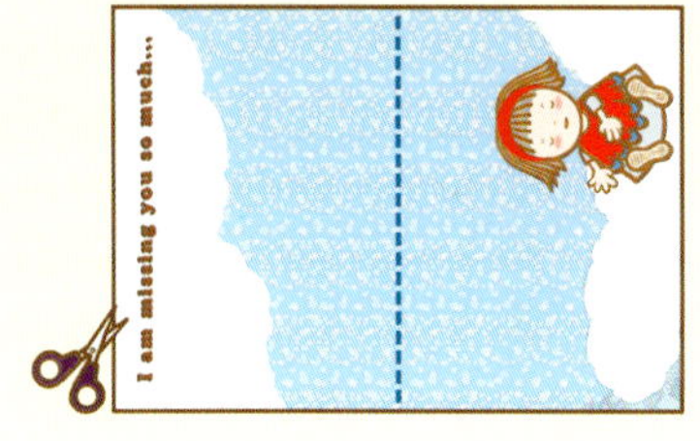

1 선을 따라 오려요.

2 새를 오려 붙여서 앞면을 꾸며요.

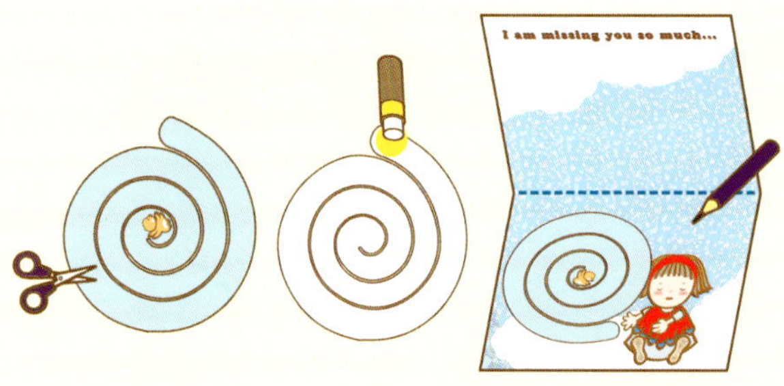

3 달팽이선을 오려서 카드 안쪽에
풀로 붙이고 안부 인사를 써요.

4 안부 카드 완성!
달팽이선을 늘려서 카드 옆면에
꽂아 보세요.

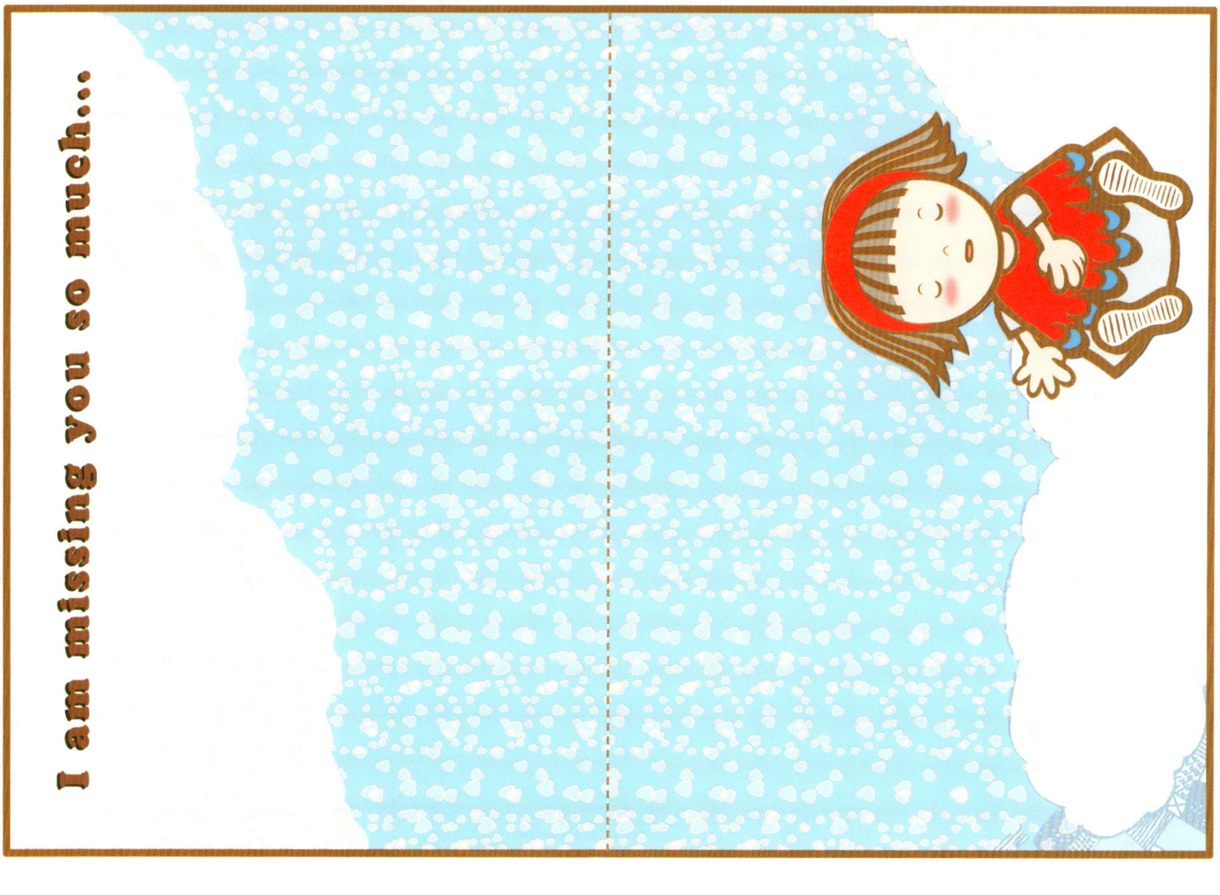

I am missing you so much...

ⓒ 천금함

사과

하루야, 나야!

뭐야!

이건 내 마음이야.
지난번에 나 혼자서만
카드를 만들어서 화 많이
났지? 내가 너무했어.
미안해.

괜찮아.

그럼 우리 같이
꼬마쥐 생일을
축하해 주러 가자!

사과 카드

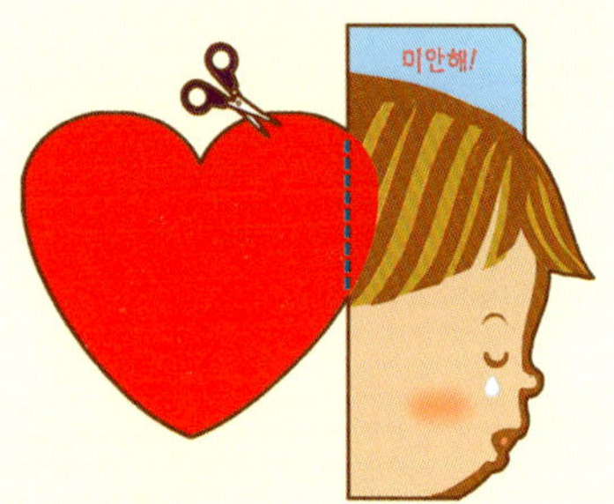

1 선을 따라 오려요.

2 점선을 따라 접어요.

3 안쪽에 사과 인사를 적어요.

4 하트를 내 맘대로 꾸미면 완성!

미안해!
자르는 선
안으로 접는 선
밖으로 접는 선
사과 카드

ⓒ 전금하

생일
좋아! 다른 친구들도 함께 가자!
우리 꼬마쥐에게 깜짝 생일 파티 해 주자.

사과새야, 같이 가자!

짹! 짹!
호두새도 갈 거지?

은토끼도 갈 거지?
후후, 기대돼!
응!

혼자 잘 사는 법

꼬마쥐야, 뭐해?
왜 혼자 있어?

팡!

팡! 팡!
우리가 네 생일을 잊어버린 줄 알았지?

춤추는 카드

1 선을 따라 오려요.

2 점선대로 접고 풀칠해서
상자 모양을 만들어요.

3 뒷면에 축하 인사를 쓰면
춤추는 카드 완성!

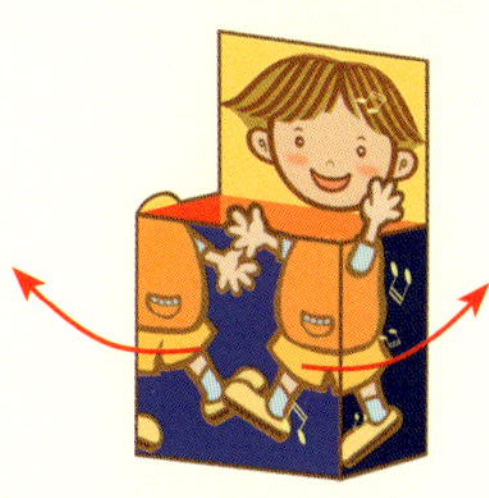

4 카드 모서리를 왼쪽 오른쪽으로
움직이면 하루가 춤을 춘답니다.

생일 카드

  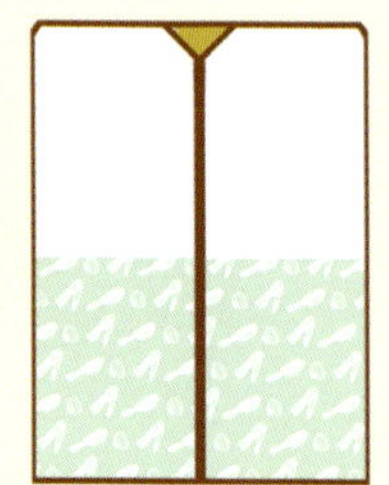

1 선을 따라 오리고 모자에는 칼로 선을 그어요.

2 점선을 따라 왼쪽, 오른쪽 접어요.

3 모자에 난 점선을 따라 접어요.
(칼등으로 선을 낸 다음 접으면 쉬워요.)

4 파란 부분에 선 스티커를 붙이면
선물 상자가 돼요.
(스티커는 맨 뒷장에 있어요.)

5 뒷면에 생일 축하 인사를 쓰면 생일 카드 완성!

자르는 선
밖으로 접는 선
© 전금하
풀칠하는 부분

Happy Birthday to You!

H
A
To.
P
p
y
B
i
r
t
h
d
a
y

ⓒ 천금하

감사
어? 뭐지?

아, 꼬마쥐가
보냈구나.
우아,
기쁘다!
무슨 말이
적혀 있을까?
기대돼.
행복해! 짹!
얘들아, 내 생일을 잊지 않고
축하해 줘서 정말 고마워!
덕분에 즐거운 생일을 보냈어.

하루야, 감사 카드 받으니까 기분 좋아. 그치?
응, 그럼 우리도 감사 카드를 써 볼까?

엄마, 세상에 태어나게 해 주셔서 감사합니다!

아빠, 제가 아플 때 곁에 있어 주셔서 감사합니다!

선생님, 제가 이것저것 여쭤 봐도 짜증 안 내고 잘 가르쳐 주셔서 감사합니다!

할머니, 저를 많이 사랑해 주셔서 감사합니다!

모두 모두 감사합니다!

감사 카드

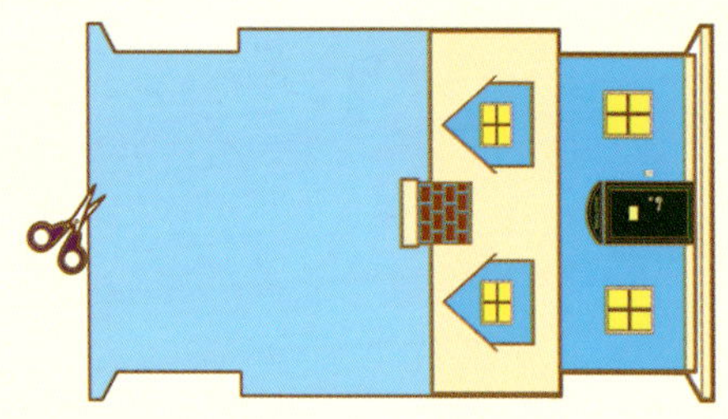

1 선을 따라 오려요.

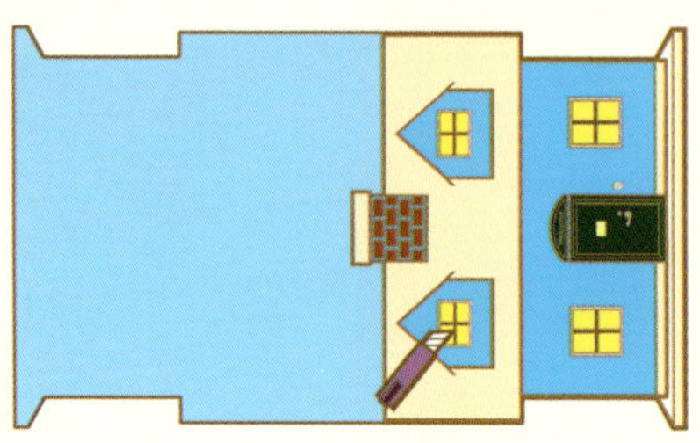

2 칼로 창문 틀에 십자 모양 선을 그어요.

3 칼로 선을 그은 창문에 손가락을 넣어 안쪽에서 접으면 꽃봉오리가 펴요.

4 감사 인사를 쓰면 감사 카드 완성!

메롱 카드

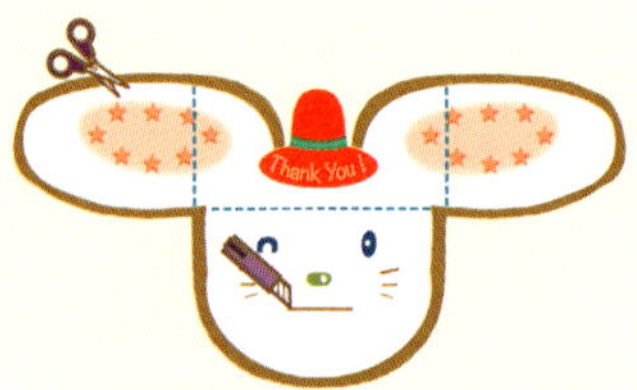

1 선을 따라 오리고 입에는 칼로 선을 그어요.

2 뒷면에 감사 인사를 적어요.

3 얼굴을 반으로 접어요.

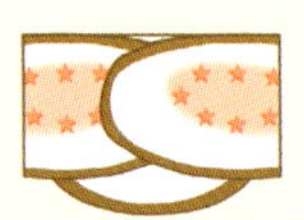

4 입으로 모자를 빼서 메롱 표정을 만들고 양쪽 귀를 접으면 메롱 카드 완성!

Welcome
자르는 선
밖으로 접는 선
감사 카드
ⓒ 전금하

THANK YOU SO MUCH!

——————— 자르는 선

—·—·—·— 밖으로 접는 선

ⓒ 처음하

Thank you !

작은 봉투 만들기

선을 따라 오려서 A4 종이에 대고 따라 그려요. A4 종이를 잘라 선대로 접고
풀칠해서 붙이면 카드 봉투 완성! 스티커로 예쁘게 꾸며 보세요.

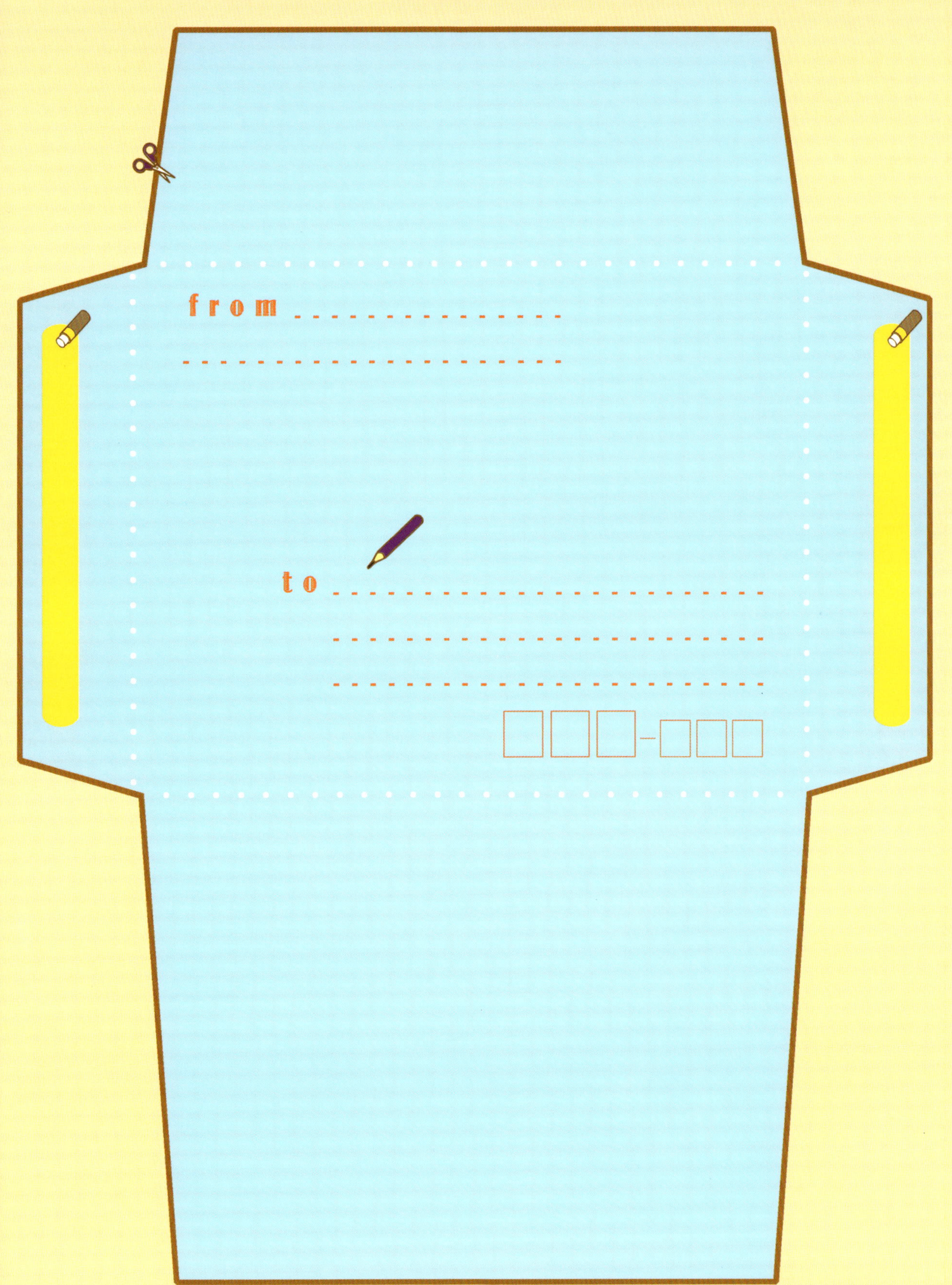

Merry Christmas!

여러분도
카드에
마음을 담아
전해 보세요!

전금하

이화여자대학교에서 동양화를, Academy of Art University 대학원에서 일러스트레이션을, 어린이책작가교실에서 글쓰기를 공부했어요. 그 후 시각장애 어린이들과 미술 수업을 하고, 점자·촉각 그림책을 만들며 그림책에 푹 빠졌지요. 작품으로는 「손으로 몸으로」 시리즈가 있고, 『내 말 좀 들어 주세요』, 『이집트 게임』 등에 그림을 그렸어요.

"태어난 날, 보고 싶은 날, 헤어진 날과 다시 만나는 날 주고받은 카드들이 참 소중했어요. 그중에서도 직접 만든 카드를 보면 마음이 움직였지요. 멀어진 마음이 가까워지고, 딱딱해진 마음이 말랑말랑해지고요. 그래서 사람들에게 마음을 선물하고 싶은 바람으로『마음이 예뻐지는 카드 만들기』를 만들게 되었답니다."

마음이 예뻐지는 **카드 만들기**

1판 1쇄 찍음 2013년 11월 28일
1판 1쇄 펴냄 2013년 12월 10일
지은이 전금하 기획 전금하, 최정선 펴낸이 박상희 편집장 박지은 편집 김산정 디자인 신현수
펴낸곳 (주)비룡소 출판 등록 1994.3.17(제16-849호)
주소 (135-887) 서울시 강남구 신사동 506번지 강남출판문화센터 4층
전화 영업(통신판매) 02)515-2000(내선1) 편집 02)3443-4318,9 팩스 02)515-2007
홈페이지 www.bir.co.kr

© 전금하, 2013. Printed in Seoul, Korea.

ISBN 978-89-491-0981-7 17630

이 도서의 국립중앙도서관 출판시도서목록(CIP)은 서지정보유통지원시스템 홈페이지(http://seoji.nl.go.kr)와 국가자료공동목록시스템(http://www.nl.go.kr/kolisnet)에서 이용하실 수 있습니다.
(CIP제어번호: CIP2013025414)